EDUCAÇÃO E QUALIFICAÇÃO PROFISSIONAL: UM CAMINHO PARA O TRABALHO COM DIGNIDADE.

RESUMO

O presente almeja analisar o a educação e qualificação profissional no contexto das transformações sociais e como o movimento da inovação desafia novos conhecimentos e habilidades, gerando a necessidade de readaptação e novas formas condizentes com a modernização da produção. O problema da falta de emprego tem origem em vários fatores, dentre eles, os de natureza externa relacionados às exigências do mercado, bem como os que consistem na precária qualificação profissional dos trabalhadores advinda da baixa formação escolar, como fator cultural do Estado. Nesse contexto a provocação das políticas públicas poderiam garantir o equilíbrio entre a realidade social moderna, norteada pelo trabalho digno e respeitado dentro de um contexto de educação plena, onde o Estado social de direito e de bem-estar fomentaria a efetivação dos direitos mínimos sociais, contemplando nos sistemas jurídicos, que a nível de princípios encontra-se a necessidade de indagar se há dignidade humana tem sido respeitada no mundo do trabalho mediante a educação e qualificação.

Palavras-chave: Educação. Qualificação. Trabalho. Estado. Direito. Dignidade.

ABSTRACT

This article aims to analyze the education and professional qualification in the context of social transformations and how the innovation movement challenges new knowledge and skills, generating the need for readaptations and new

forms consistent with the modernization of production. The problem of joblessness arises from several factors,
among them, those of an external nature related to the market demands, as well as those consisting of the precarious professional qualification of the workers coming from low schooling, as a cultural factor of the State. Where the social state of law and well-being
would foster the realization of minimum social, in the legal

systems, that at the level of principles there is a need to inquire whether human dignity has been respected in the world of work through education and qualification.

Keywords: Education. Qualification. Job.State. Law. Dignity.

1 INTRODUÇÃO

Para uma melhor compreensão do assunto, ora proposto, necessário se faz, comentar o caminho para chegar a um acordo ou convenção coletiva de trabalho, ou seja, necessário é tecer comentários sobre o que é um conflito coletivo e quais são as formas de solucionar os mesmos.

Desta forma, para existir um acordo coletivo, deve necessariamente, existir antes um conflito entre as partes, para que se posteriormente se pense em buscar solução para o impasse, também conhecido com o nome de dissidio ou controversia.

Os conflitos coletivos do trabalho podem ser econômicos ou

de interesses jurídicos ou de direito. Os conflitos econômicos são aqueles nos quais os trabalhadores reivindicam novas condições de trabalho ou melhores salários. Já nos conflitos jurídicos tem-se por objeto apenas a declaração da existência ou inexistência de relação jurídica controvertida, como ocorre na decisão em dissídiocoletivo em que se declara a legalidade ou ilegalidade da greve.

Temos como formas de soluções de conflitos: A autodefesa, a autocomposição e heterocomposição.

Nasceu Na Europa e Estados Unidos e desde o início a convenção e o acordo coletivo de trabalho trouxe vantagens para os convenentes de greves. Vale tambémressaltar que no plano internacional a negociação coletiva é prestigiada pelas convenções 98 e 154 da OIT, ambas ratificadas pelo Brasil.

A atual constituição, foi a primeira a tratar especificamente da matéria, em seu C.VI, do Art.8°, que diz:

Na Constituição

de 1988, no seu art. 8°, VI - "É obrigatória a participação dos sindicatos nas negociações coletivas de trabalho"(BRASIL, 1988, p.1). De forma que para o empregador era uma maneira de obter uma negociação pacífica, sem perigos de ocorrência de greves.

Já na visão do empregado, era o

reconhecimento pelo empregador da legitimidade e representatividade do sindicato nas negociações, com a consequente quista de novos direitos para os trabalhadores.

Para o estado era uma forma de não interferência em que as próprias partes buscavam a solução de seus conflitos, culminando com um instrumento de paz social.

No Brasil, a expressão convenção coletiva surgiu com o decreto N° 21.761 de 1932, tendo por base a lei francesa de 1919 e possuía efeito normativo para toda a categoria profissional e econômica.

Foi reconhecida constitucionalmente no

Brasil em 1934 e a partir de então todas as demais constituições brasileiras trataram do assunto.

A constituição de 1988 reconhece não apenas as convenções coletivas, mas também os acordos coletivos de trabalho, uma vez que as constituições anteriores reconheciam apenas as convenções coletivas, porém os acordos já aconteciam na prática desde o decreto N° 229/67.

As negociações em nível de categoria resultam em convenções coletivas de trabalho aplicáveis a todos os empregadores e a todos os empregados, sócios ou não dos sindicatos do setor de atividade em que a negociação se desenvolver.

Destarte, vaticina o Art.611 do CLT, IN VERBIS:

Convenção coletiva de trabalho e o acordo de caráter normativo pelo qual dois ou mais sindicatos representativos de categorias econômicas e profissionais estipulam condições de trabalho aplicáveis, no âmbito das respectivas representações as relações individuais de trabalho.

O presente artigo tem como principal objeto de estudo conhecer a convenção coletiva e acordo nas relações trabalhista, onde a indústria ao surgir como instrumento de geração de emprego e renda sendo originada no século XVIII com o advento do emprego de máquinas modernas, substituindo o trabalho manufatureiro pelo desempenho de atividades profissionais coletivos de cunho empresariais onde o patrão visava o lucro, através do acumulo metalista do capital, explorando o trabalhador que nunca saia da classe econômica proletária embora trabalhando cerca de 12 a 16 horas diários nas fábricas submetidos a condições extremamente insalubres de trabalho, tendo direitos básicos desrespeitados pela classe patronal ficando cada vez mais rica por se apropriar das horas excessivas dos funcionários trabalhadas além de explorarem mulheres e crianças, expostas as condições de trabalho precárias, degradantes, recebendo salários muito baixos, ou por serem imigrantes, ou então por serem crianças, cujos direitos eram suprimidos pelo fato delas não possuírem o direito de se vincularem ao sistema de trabalho na forma contratual por não possuírem documentos para se efetivarem nos quadros empresariais, porque a lei respeitando o direito positiva negava esses supostos direitos as crianças em virtude de que elas, ao invés de estarem no mercado de trabalho deveriam fazer parte dos grupos de estudantes profissionais e não conjunto de trabalhadores, haja visto que a mesma por ainda não possuírem maturidade corriam sérios riscos estando no mercado de operação das máquinas que poderiam lhes cortarem ou mutilares alguns de seus membros pelo fato que a idade delas lhes conferisse o critério da dispersão.

2 HISTÓRICO DO DIREITO DO TRABALHO

Segundo

Vanim(2015), a origem da Convenção e do acordo coletivo de trabalho:

Originou-se na Europa e Estados Unidos e desde o início trouxe benefícios para os trabalhadores tais como:

1. Para o empregador era uma forma de negociação pacífica, sem perigos de ocorrência de greves;

2. Para o

empregado era o reconhecimento, pelo empregador, da legitimidade e representatividade do sindicato nas negociações, com a seguinte conquista de novos direitos para os trabalhadores;

3. Para o Estado era uma forma de não interferência, em que as próprias partes buscavam a solução de

seus conflitos, culminando com um instrumento de paz social.

As cláusulas que mostram as origens dos sindicatos das convenções e acordos coletivos de trabalho, forma criadas com um único propósito, de fazerem com que os patrões tivessem mais lucros de forma, que o trabalhador inerte, a esse lucro obtido de forma rápida e altamente superior ao que recebia o empregado, e o mais absurdo que eram esses contratos, é de se saber que o empregador criou leis, próprias convenções visando obter lucro, porém no que se refere a questionar as condições de trabalho ao empregado o empresário não discute se não for provocado, nota-se que, a classe patronal se não for "provocada" pelos sindicatos de empregados a melhorarem cada vez mais ou pelo menos quando precisarem as condições de trabalho do empregado, que se move durante várias horas do dia para chegar o maior lucro possível, afim de satisfazer os seus anseios voltados para o acúmulo rentável advindo do trabalho exaustivo do trabalhador ele não se dar por satisfeito, ofuncionário será sempre chamado à atenção no sentido de que ele está ali para produzir mais, com o intuito de satisfazer o ego do patrão de sempre querer mais e mais dinheiro, em nome do resgate dos negócios em nome de manter a empresa ativa, longe da falência.

Portanto pensava-se a classe patronal com a convenção coletiva e os acordos empresariais surgido na Europa e nos Estados Unidos ela não foi criada unicamente com o propósito de "acrescentar" o trabalhador e deixar livre os anseios do patrão por lucros dinamizados e operários com o poder de compra produzido, sem vinculo empregatício estável, sem direito de greve que representa um dos maiores instrumentos reivindicatórios que o trabalhador possui, pacifica que após decretada, os empresários coagidos, não pensam muito em sentarem para negociarem, através de acordos e propostas que tenham o objetivo e finalidade de traçarem metas e propostas que visem resolverem os dissídios gerados por falta de acordo prévio dessa forma o direito de greve é a forma mais extrema que o trabalhador tem ao seu favor de fazer o patrão se curvar e dar de direito, ou chegar mais próximo do que exige o patrão afim de que a relação se amenize, uma vez que configura como uma relação muito suave haja visto, que o empregado visivelmente senti verifica a disparidade econômica e social que há entre ele o seu(s) patrão(ões), analisando, que o empregado trabalha muito, para fazer as máquinas funcionarem derramando muito suor para isso enquanto o patrão por ser o dono das máquinas não se mobiliza para fazer a empresa funcionar no que se refere ao emprego do esforço físico, tratando apenas de cuidar do financeiro que entra e sai da empresa sempre de olho nos lucros.

De acordo com o Art.540 da CLT os funcionários têm direitos prescritos em lei, e estas determinavam que:

- A toda empresa ou indivíduo que exerçam, respectivamente, atividade ou profissão, desde que satisfaçam às exigências desta lei, assiste o direito de ser admitido no sindicato da respectiva categoria, salvo o caso de falta de idoneidade, devidamente comprovada, com recurso para o Ministério doTrabalho e Previdência Social.

- Art. 541. Os que exercerem determinada atividade ou profissão onde não haja sindicato da respectiva categoria, ou de atividade ou profissão similar ou conexa, poderão filiar-se a sindicato de profissão idêntica, similar ou conexa, existente na localidade mais próxima.

Como se vê, os sindicatos são entidades de personalidade jurídica, cuja função é acompanhar principalmente as decisões jurídicas, o andamento que o poder judiciário na pessoa do STF, decide, sobre os destinos das relações patrão e empregado, dos rumores referentes as leis que a Presidência da República determina que seja vigorada pelo presidente da República.

A constituição de 1998, foi muito bem elaborada sem deixar nada a desejar a direitos de trabalhadores uma vez que ela reconhece, não apenas as convenções coletivas, mas também ela acolhe prima em favor dos acordos coletivos de trabalho, já que as outras constituições anteriores reconheciam apenas as convenções coletivas.

Embora a própria constituição de 1998, comente o caminho para chegar a um acordo ou convecção coletiva de trabalho, ou seja, necessário eleger comentáriossobre o que é conflito coletivo e quais são as formas de solucionar tais conflitos

Desta forma, para existir um acordo coletivo, deve necessariamente existir um conflito coletivo, também denominado controvérsia ou dissídio.

O elemento nuclear da relação empregatícia (trabalho subordinado) somente surgiria, entretanto, séculos após a crescente destruição das relações servis de fato, apenas no período da Revolução

Industrial & que asse trabalhador seria reconectado de modo permanentes só sistema produtivo [...](DELGADO, 2019, p. 100)

O surgimento da indústria modificou as condições de trabalho, sendo que o maquinismo possibilitou a utilização de mão-de-obra não qualificada, sendo empregados crianças e mulheres, reduzindo a quantidade de mão-de-obra utilizada, com o surgimento das longas jornadas de trabalho. O trabalho subordinado, a concentração proletária, os evidentes problemas sociais é um dos fatores que propiciaram a emergência do direito do trabalho amparado e positivado pelas constituições em especial muito bem representado pela que nos representa na era contemporânea.

Segundo Nascimento; Nascimento(2018) a questão social nascera na relação trabalhadores em constante a indústria, em consequência do destrato dos conflitosdo descaso e da falta de sensibilidade para com a classe operária, que ao longo de vários anos e por que não dizer de vários séculos, que vem se submetendo ao trabalho exaustivo, insalubre, submetendo crianças e mulheres a excessivas jornadas de trabalho, barata, forçando o pagamento irrisório só porque esses trabalhadores eram obrigados a se submeterem em decorrência das suas condiçõessociais.

É inquestionável que a

busca de manifestação da justiça trabalhista só começa com o advento da máquina à vapor do Século XIX. Fomentada por uma nova categoria social emergente detentora dos meios de produção que ousava em burlar a lei, em achar que o trabalhador seria capaz de se tornar inerte, ao abuso da classe a tal ponto de trabalhar além do que conseguia na condição de ser humano, só para garantir a usa vaga na indústria, na fábrica não foi bem assim, o trabalhador se associou e foi em busca de seus direitos, lutando, saindo às ruas, clamando por melhorias salariais, fazendo piquetes lutando contra as repressões do governo, quando ia contra e não aceitava a postura, em resolver seus dissídios.

Aparecimento do proletariado, o ser responsável mecanicamente pela movimentação dos meios de produção nas fábricas.

A princípio uma sociedade onde a riqueza estava concentrada nas mãos da nobreza e cada feudo era ato-suficiente os comerciantes se fortaleceram, enriqueceram e derrubaram esta estrutura feudal, criando uma nova organização os meios de produção passaram então para suas mãos e os antigos artífices foram descaracterizados, transformaram-se em operários. Segundo Karl Marx, a indústria moderna transformou a pequena oficina do antigo mestre da corporação patriarcal na grande fábrica do industrial capitalista. Transformou os operários em escravos da classe burguesa, escravos da máquina e do dono da fábrica.

No campo, o estímulo à produção com técnicos e instrumentos inovadores e o desaparecimento dos pequenos proprietários fizeram com que levas de camponeses se transferissem para as cidades formando um grande contingente de mão-de-obra disponível.

Com a escassez de emprego essa volumosa quantidade de mão-de-obra de baixíssimo preço foi absorvida pelas minas, que constituíram a vanguarda recebendo a maior parte deste contingente migratório. Sergio Pinto Martins, em sua obra apresenta-se: "Com o surgimento da máquina a vapor, houve a instalação das indústrias onde existisse carvão, como ocorreu com a Inglaterra, bem retrata o trabalho abusivo que eram submetidos os trabalhadores nas minas".

Tendo o proletariado o trabalho

como uma necessidade vital e familiar, tornando-se uma classe social desajustada, sem patrimônio, o qual levou a resultados de desumanização e despersonalização. No mesmo entendimento Teixeira esclarece:

> O proletário é um trabalhador que presta serviço [...] não tem oportunidades de desenvolvimento

> intelectual, habita em condições subumanas, em geral nas adjacências do próprio local da atividade, tem prole numerosa e ganha salário em troca disso tudo (TEIXEIRA, 2016, p.1)

A indignidade das condições de trabalho levava muitas vezes ao contrato de compra e venda de menores, mesmo contra a vontade dos pais.

Da mesma Forma o citado autor descreve a situação das mulheres, que constituíam mão-de-obra mais barata, cercadas más condições sanitárias, impossibilitados de adquirir cultura intelectual e de citar seus filhos.

As condições de trabalho eram estabelecidas verbalmente. O patronato tinha autonomia para dar por encerrado ou modificado o contrato de trabalho, conforme sua vontade.

É no Século XIX que se formam-na Europa e nos Estados Unidos às condições para a formação do trabalho subordinado e da concentração proletária.

Como necessidade premente para

amenização dos distúrbios sociais advindos dessas novas relações, surgem também, as primeiras iniciativas da normatização dodireito do trabalho.

3 DIREITOS CONQUISTADOS

Atualmente, os trabalhadores conquistaram muito direitos, por exemplo a jornada de trabalho, nos dias atuais é 8 horas diárias e 44 horas semanais

A duração normal da jornada de trabalho pode ser acrescida de, no máximo, 2 horas, desde que previamente acordado por escrito com empregado ou mediante acordo coletivo, também conhecido como horas extras".

Férias anuais remuneradas e abono de férias - O parágrafo único do artigo 7º da Constituição Federal de 1988 assegurou à categoria dos trabalhadores domésticos o direito previsto no inciso XVII, do mesmo artigo, que garante o gozo de férias anuais remuneradas acrescidas do adicional de 1/3. Há, no entanto, controvérsia sobre o período de férias dos domésticos, se de 20 dias úteis ou de 30 dias corridos.

A Lei 5859/72, devidamente regulamentada pelo Decreto 71.885, de 09.03.1973, assegura férias anuais remuneradas de 20 dias úteis (art.3º). A dúvida surge em razão do aumento do período de férias para 30 dias ter sido determinado pelo Decreto 1535/77, posterior à Lei 5859/72 e respectivo decreto regulamentador. Entendo que deve ser aplicada a Lei nº 5.859/72.

Segundo Andrade(1997) licença à gestante (salário-maternidade) - A licença à gestante de 120 dias também é direito da empregada doméstica desde o dia 05 de outubro de 1988, data da promulgação da C.F. Porém, quanto à garantia de emprego prevista no art. 10, inciso II, b, do ADCT, da CF/88, examina-se que o art.7º, parágrafo único do referido texto não estendeu à doméstica tal vantagem, podendo, ao arbítrio do empregador, ser demitida, sem justa causa. A licença deverá ser requerida diretamente ao INSS e lá percebida.

Licença-paternidade - A Constituição Federal estabeleceu para os empregados domésticos o direito à licença paternidade de 05 dias (art.7º, XIX c/c parágrafo único). O pagamento cabe ao empregador.

Aviso prévio - Constitui conquista constitucional o aviso prévio proporcional no mínimo de 30 dias (art.7º, XXI e parágrafo único), constituindo tempo de serviço.

Previdência social - Aos domésticos, bem como aos seus dependentes, são conferidos todos os benefícios e serviços previdenciários. Foram eles integrados como segurados obrigatórios, em face da CF/88. São eles: auxílio-doença; aposentadoria por invalidez, idade e tempo de serviço; salário-maternidade; auxílio reclusão; pensão por morte; abono anual; assistência social;

assistência reeducativa e de reabilitação profissional. As contribuições previdenciárias, através de carnês, somam 20% do salário mínimo ou contratual, ficando 12% a critério do empregador e 8% do empregado. Ao empregador cabe a responsabilidade pelo recolhimento, mês a mês.

4 EDUCAÇÃO PARA QUALIFICAÇÃO

Segundo Puente(2022) 60% dos trabalhadores informais no Brasil Mais de 19,6 milhões de brasileiros trabalham em empregos conhecidos como "bicos", cerca de 60% dos 32,5 milhões de trabalhadores informais do país. Os números são do estudo

"Retrato do Trabalho Informal no Brasil: Desafios e Caminhos para a Solução", divulgado nesta quarta-feira (22) pela Fundação Arymax e B3 Social e realizado pelo Instituto Veredas. O estudo é parte da análise dos dados da PNAD Contínua do IBGE do 3º trimestre de 2021.Esta pesquisa categoriza os trabalhadores informais em quatro tipos. O maior grupo é aquele de trabalhadores informais por conta própria (60,5%), compostos por profissionais com baixa ou nenhuma qualificação que prestam serviços com demanda volátil, conhecidos como "bicos".

Segundo Instituto da Consciência(2022 apud IBGE, 2017) :

Foi realizada uma pesquisa, a qual deixou claro que a taxa de desemprego é maior entre as pessoas com menor escolaridade. Os mais afetados pela falta de trabalho são aqueles que têm ensino médio incompleto – para esse grupo, a taxa é de 20% -, contra 6,2% para os profissionais com curso superior.

A figura 1 mostra bem que quanto menos escolaridade, mais desemprego.

Figura 1-Menos escolaridade, maior desemprego

Menos escolaridade, maior desemprego

Veja o índice de desocupação por grau de instrução, em %

Grau de instrução	%
Total	11,8
Menos de 1 ano de estudo	9,2
Ensino fundamental incompleto	11,1
Ensino fundamental completo	13,6
Ensino médio incompleto	20,4
Ensino médio completo	13,0
Ensino superior incompleto	12,5
Ensino superior completo	6,2

Fonte: http://icg.edu.br/

Segundo

Veloso(2022) a melhoria da escolaridade contribui para uma entrada mais eficiente da população no mercado de trabalho, que se manifesta de diferentes formas, como maiores salários e maior probabilidade de obtenção de empregos formais.

Figura 2- Trabalhador informal

Fonte: https://suburbanodigital

Na figura a cima ressalta sobre o trabalhador informal e sobrecarga de trabalho e a falta de direitos.

Em relação a escolaridade dos trabalhadores, muitas não têm o ensino médio, e por se tornarem pais e mães jovens e consequentemente chefe de família, se prestaram exclusivamente ao trabalho e cuidar dos filhos. E sobre a informalidade, alguns trabalhadores aceitam trabalhar sem seus direitos garantidos justamente por não possuírem outro emprego e pelo fato de serem chefe de familiar onde a fonte de renda provém exclusivamente do seu trabalho. E apesar de conhecerem seus direitos se submetem ao trabalho informal.

CONSIDERAÇÕES FINAIS

Segundo Todos Pela Educação (2019), a

educação transforma vidas e ocasiona um futuro com mais oportunidades. O professor de economia na Universidade da Califórnia, David Card, trouxe em seus estudos o que muitos brasileiros já sabem: mais anos de escolaridade estão interligada a ganhos salariais e maiores oportunidades de emprego no setor formal.

No entanto, poucas pessoas são

capazes de colher esses benefícios. Segundo o IBGE, em 2018, 57,3% dos jovens de 15 a 17 anos no quartil mais pobre estavam no ensino médio, em comparação com uma parcela muito maior no quartil mais rico: 91,1%. De acordo com o instituto, quando olhamos para adultos de 18 a 29 anos, os 25% mais ricos têm quatro anos a mais de educação do que os mais pobres. Para muitos, seguir o caminho da educação é uma escolha repleta de esforço e luta, mas não deveria ser.

Enfim, equacionar os direitos da classe trabalhadora para com a sociedade é garantir a igualdade, direito garantido pelo princípio da isonomia disposto no art. 5º da CF/88, no qual dispõe que todos devem ser tratados com igualdade pela à lei.

A educação de qualidade para todos não apenas cria maiores oportunidades para os indivíduos, mas também proporciona um crescimento econômico mais equitativo e sustentado.

REFERÊNCIAS

ANDRADE, Dárcio Guimarães de. Empregado doméstico. **Rev. TRT - 3ªR**. -

Belo Horizonte, ano 27, v.57: 69-75, Jul.97/Dez.97.Disponível em: https://www.trt3.jus.br/escola. Acesso em: 15 out. 2020

BRASIL. [Constituição (1988)]. Constituição da República Federativa do Brasil de 1988. Brasília, DF: Presidente da República, [2016]

BRASIL. Decreto-Lei Nº 5.452, de 1º de maio de 1943. Aprova a Consolidação das Leis do Trabalho. Disponível em: http://www.planalto.gov.br. Acesso em 17 ago. 2022.

BRASIL. Decreto nº 21.761, de 23 de Agosto de 1932. Disponível em: http://www.planalto.gov.br/. Acesso em: 17ago. 2022.

BRASIL. Decreto N. 71.885, de 9 de Março de 1973. Disponível em: http://www.planalto.gov.br/. Acesso em: 18 ago. 2022.

BRASIL. Lei n º 5.859/72. Disponível em: http://www.planalto.gov.br/ccivil_03/leis/l5859.htm. Acesso em: 17 junho. 2022.

DELGADO, Maurício

Godinho. **Curso de direito do trabalho**: obra revista e atualizada conforme a lei da reforma trabalhista e inovações normativas e jurisprudenciais posteriores —Mauricio Godinho Delgado. 18. ed. São Paulo : LTr, 2019.

GARCIA, Gustavo Filipe Barbosa. **Curso de direito do trabalho**.8 ed. rev. Atual e ampl- Rio de Janeiro: Forense, 2014.

INSTITUTO DA CONSCIÊNCIA. Quanto menor a escolaridade, maior o desemprego.

2022. Acesso em: 04 abr. 2023

MAGANO, Octávio Bueno. **Manual de Direito do Trabalho**.2. ed. São Paulo:Ltr, 1987

MANAUS, Pedro Paulo Teixeira. **Direito do trabalho** 14. ed. São Paulo: ATLAS, 2012.

MARTINS, Sergio Pinto. **Direito do Trabalho**. 27ed. São Paulo: Atlas, 2011.

NASCIMENTO, Amauri Mascaro ; NASCIMENTO, Sônia Mascaro. **Iniciação**

ao direito do trabalho.41. ed. São Paulo : LTr, 2018.

PUENTE, Beatriz. 60% dos trabalhadores informais no Brasil fazem "bicos" para sobreviver, diz estudo. 2022. Disponível em: https://www.cnnbrasil.com.br/economia/60-dos-trabalhadores-informais-no-brasil-fazem-bicos-para-sobreviver/ . Acesso em: 03 abr. 2023.

TEIXEIRA, João Pedro Ferraz. Desenvolvimento Histórico do Direito do Trabalho. 2016.

Disponível em : https://joaopedrofteixeira.jusbrasil.com.br/artigos/319989326/desenvolvimento-historico-do-direito-do-trabalho Acesso em: 05 abr. 2023

VANIM, Carlos Eduardo. Acordo e convenção coletiva de trabalho. 2015. Disponível em https://www.jusbrasil.com.br/. Acesso em: 03 abr. 2023.

VELOSO, Fernando. Educação e mercado de trabalho. 2022. Disponível em: fgvibre.com.br. Acesso em: 02 abr. 2023.

www.ingramcontent.com/pod-product-compliance
Lightning Source LLC
LaVergne TN
LVHW052051160826
845678LV00015B/3168

* 9 7 8 6 5 0 0 7 2 9 0 9 2 *